復興 熊本城

Vol.2 天守復興編Ⅰ 平成30年度上半期まで

激しい揺れによって瓦の一部が落ち、石垣の崩落・変形が見られた熊本城天守
＝平成28（2016）年5月12日撮影

目次

◯ 天守とは
天守の登場から熊本城へ —————————— 4

◯ 熊本城大小天守の歴史
清正がつくった最初の隈本（熊本）城 ————— 6
古城の天守
新城の天守 ————————————————— 8

◯ 天守の意匠・構造
天守の意匠 ———————————————— 10
天守の構造 ———————————————— 12
天守の構成 ———————————————— 13
天守断面図 ———————————————— 14
平面構成 ————————————————— 16

コラム 熊本城の三天守と全国の現存天守 ————— 18

◯ 明治維新後の熊本城
熊本城と明治維新 —————————————— 20
西南戦争と天守焼失 ————————————— 24
明治22年の震災と復旧 ——————————— 26

コラム 熊本城の鯱瓦 ——————————————— 28

◯ 昭和35年の天守再建
天守再建に向けて —————————————— 30
天守軸組模型 ———————————————— 34

コラム 軸組模型の製作秘話 ————————————— 36

再建前の調査 ———————————————— 38

再建天守の構造設計 ——————————— 38
起工式 ————————————————— 40
天守礎石の発見
熊本城再建天守の基礎情報 —————— 42

◉ 平成 30 年度上半期までの経過
主な出来事 ————————————— 44
特別史跡熊本城跡保存活用委員会・専門部会の開催 —— 45
報道発表・公開

◉ 熊本城復旧基本計画の策定 —————— 46

◉ 復旧工事
天守閣復旧整備工事 ————————— 48
天守台崩落石材の回収と石垣の解体 —— 50
大天守台石垣上面の発掘調査 ————— 52
大天守台石垣から出土した遺物 ———— 53
飯田丸五階櫓石垣復旧の過程 ————— 54
重要文化財建造物の保全 ——————— 56

◉ 調査研究の成果
長塀の確認調査 ——————————— 58
特別見学通路の確認調査 ——————— 59
石垣の変状調査 ——————————— 60
石材調査・地質調査 ————————— 61

◉ 市民への情報発信 ————————— 62

◉ 熊本城復興見学ルート・アクセス ——— 63

天守とは

［天守の登場から熊本城へ］

「お城と言えば何を思い浮かべますか？」という質問を投げかけると、「天守」もしくは「石垣」という答えが多くの人から返ってくる。特に天守は、城のシンボルとも言うべき高層建築として目に触れることから、多くの人々に親しまれているということなのだろう。

では、天守は城に必ずあるものなのだろうか。日本全国に城は約5万あると言われているが、その大多数は「中世城郭」と言って、多くは山の中や山里にひっそりとたたずむ土造りの城である。このような城に天守はない。しかしある時期から、天守や石垣などは城を構成する要素として、欠かせないものとなっていく。

「明智見廻の為、坂本に下向、杉原十帖、包丁刀一、
　　持参了、城中天主作事以下悉く披見也、驚目了」

これは、京都の吉田神社の神官である吉田兼見が書いた日記『兼見卿記』の一節である。吉田兼見は明智光秀と親交があり、光秀が織田信長の命により築城を進めていた琵琶湖畔の坂本城（滋賀県大津市）の作事現場に出向いたことについて、元亀3（1572）年に書かれている。これが、文献に初めて天主（天守）が登場する例だが、残念ながら坂本城では天守の建物はもちろん、天守の石垣も現在のところ確認はされていない。文書と遺構（石垣や礎石など）の両方で天守の存在が確認できるもっとも古い例は、同じ滋賀県にある安土城である。

市街から見た熊本城天守
（平成15年3月19日　熊本日日新聞）

坂本城の石垣（滋賀県教育委員会提供）

「安土山御天主の次第　石くらの高さ十二間余なり。
　一、石くらの内を一重土蔵に御用ひ、是より七重なり。
　二重石くらの上、広さ北南へ廿間、西東へ十七間、
　高さ十六間ま中有り。
　柱数弐百四本立。本柱長さ八間・・・・・」

　これは、織田信長の経歴を体系的かつ正確に伝える記録である『信長公記』の巻九（天正4（1576）年の巻）の一節で、安土城天主の様子が、各階ごとに非常に細かく記されている。現地には天主台が遺っていることから、『信長公記』の記述内容と考え合わせると、この時期には、安土城に5重6階地下1階の天主がそびえていたことは確実である。なお、この頃までは「天主」と表記されている。

　安土城・坂本城のどちらも織田信長関連の城であることから、戦国時代の終わり頃、織田信長に関係する城郭において、天守は成立したと言えるだろう。

　信長亡き後、豊臣秀吉が天下統一を成し遂げる。秀吉は大坂城・伏見城と相次いで豪壮な天守を造営するが、配下の大名の城郭にも天守は採用されて一般的になっていく。これ以降、徳川政権下で城郭の建築が厳しく制限されるまでの間、全国各地の地域支配の拠点となる城郭には天守が建てられるようになる。こういった流れの中、熊本城でも加藤清正の手によって天守が建てられることとなる。

　天守は城の中でも最も高い建物であるが、建物の外観で分類すると、「望楼型」と「層塔型」に分けられる（p18・19を参照）。前者は入母屋造りの櫓上に小型の望楼を載せたような形式、後者は寺院の五重塔のように上から下までデザインに統一感のある形式で、熊本城の大天守は望楼型に分類される。この建物の役割は、当初は、居住空間もしくは物見や防衛の最終拠点としての要素も持っているが、先にも触れたように城のシンボル、権威や地域支配の象徴的な建物という要素が強く、後には後者が重要な要素となっていく。こういったことから、現代に生きる私たちも、城の象徴や町のシンボルというような視点で天守を見ているのかもしれない。

安土城天主台（滋賀県教育委員会提供）

熊本城大小天守の歴史

[清正がつくった最初の隈本（熊本）城]

　天正15（1587）年に九州を平定した豊臣秀吉は、肥後の治世を最初は佐々成政に、翌16年には肥後北部を加藤清正、肥後南部を小西行長に託した。
　秀吉は肥後国の中央にあった茶臼山台地南西の「隈本」での在城を清正に命じ、清正は天正18年から石垣を使って本格的に築城を始めた。これが清正築城の最初の隈本城で、慶長12（1607）年完成の新城に移るまでの20年近く居城とした。その遺跡は現在「古城」と呼ばれている県立第一高等学校敷地にあり、周りの石垣や濠跡が特別史跡に指定されている。

隈本城（現県立第一高等学校）の石垣

[古城の天守]

■ 建築場所と建築年代

　天正18年から文禄4（1595）年までの期間、初期隈本城（古城）の築城に関わる清正の複数の書状が残っており、古城にも天守や小天守があったことが確実である。
　寛永7（1630）年前後の「熊本屋敷割下絵図」によれば、古城の中心部の石垣に囲まれた本丸推定地の東側に「古城」と記入された箇所がある。ここは周囲より6mほど高い場所で、古城の時代には東側直下を白川が流れていたように防衛上も優れており、天守の立地としてふさわしい場所である。
　新城の完成以降、白川が付け替えられて旧流路は埋め立てられ侍屋敷となり、細川氏入国以降は本丸東側の石垣も撤去されるなど旧地形を失い、現在は天守台を確認できない。

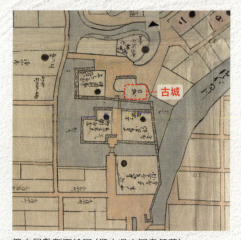
熊本屋敷割下絵図（熊本県立図書館蔵）

古城の縄張りと天守

「御城図」の宇土櫓(永青文庫蔵)

重要文化財の宇土櫓(小天守から)

■ 天守の構造

　清正の書状によれば、古城の大天守の階数は不明だが、地階である「石くら」(穴蔵)があったとみられる。また、小天守は1階が広間となった3階建ての櫓で、古城時代の隈本城も大小の天守が並び立っていた。

■ 天守のその後

　新城完成後の熊本城を描いた絵図では、古城に隅櫓が複数残されているが天守は描かれていない。新城の完成に伴い古城の天守は解体され、移築されたか処分されたと考えられる。新城に移築されたとして、最も可能性が高いのは宇土櫓であろう。

　宇土櫓には慶長期までの望楼型天守に盛んに採用された特徴的なデザインの廻縁(まわりえん)と高欄(こうらん)が付いている。熊本城では大・小の天守にしかないデザインである。またこれらの建築年代は、その様式から宇土櫓→大天守→小天守の順とされ、宇土櫓は大天守建造以前の建築である。さらに宇土櫓の土台となる石垣は、慶長12年頃の技術で築造されたもので、想定される新城への移築時期とも矛盾しない。以上を考え合わせると古城の天守の移築先として宇土櫓は最もふさわしい櫓のようだ。

■ 宇土櫓の意匠デザイン

　宇土櫓は穴蔵付きの3重5階の櫓で、南に2重2階の隅櫓をもつ平櫓を付属する。1階の平面は桁行(けたゆき)9間(17.8m)、梁間(はりま)8間(15.4m)で、熊本城では大天守に次ぐ規模の高層櫓となる。1階隅(すま)には石落しがあり、各階に窓や鉄砲狭間があり、最上階に廻縁・高欄が付く。軒裏から外壁上部は漆喰塗籠(しっくいぬりごめ)で外壁下半は墨塗りの下見板張(したみいたばり)となっている。屋根の流れや破風(はふ)にわずかに内湾する「むくり」がみられる。江戸時代の絵図では最上階屋根には鬼瓦を載せていたが、昭和2(1927)年の修理時に陸軍が保管していた青銅製の鯱(しゃち)が載せられている。

［新城の天守］

■ 天守の造営

　新城の築城は、通説では慶長6(1601)年からとされていたが、「慶長四年八月吉日」銘の滴水瓦の存在や、年不詳（慶長4年考定）3月25日付「加藤家重臣連署書状」（熊本県史料 中世編五）に「今度御城御普請」とあることから、現在では慶長4年築城が有力視されている。慶長5年10月26日付の加藤清正書状に初めて「新城」と記され、この頃には大天守の建築はほぼ終了していた。

　加藤清正が朝鮮より帰国した慶長3年は、豊臣秀吉の死去、豊臣政権下の諸大名間で亀裂が表面化する時期でもある。肥後においても朝鮮出兵を発端とした清正と小西行長の不仲、隣国の島津領内での庄内の乱（日向都城）など、軍事的緊張が一気に高まる。こうした背景の中で、隈本城（古城）の軍事的強化を行う一環として熊本城（新城）が築城されたと考えられる。その象徴たる天守は茶臼山山頂付近に配置された。

「慶長四年八月吉日」銘 滴水瓦　天守台出土
（熊本博物館蔵）

■ 天守台の石垣と新城築城当初の縄張り

　慶長4年頃構築された大天守台石垣と、同17～元和元(1612～1615)年の間で構築されたと考えられている小天守台石垣は、それぞれ異なる特徴をもつ。その違いは、隅部が築石の長短を交互に重ねる算木積みになっているか否か、築石部の各石材が多角形か方形か（加工度の高低）、地上面に対して水平に目地が通るか否か、といった具合である。下の写真を比較すると、明らかに違いがある。こうした視点で石垣を観察すると、石垣の構築順や曲輪の造成順が把握できる。

大天守台（西面）の石垣（平左衛門丸側）

小天守台（西面）の石垣（平左衛門丸側）

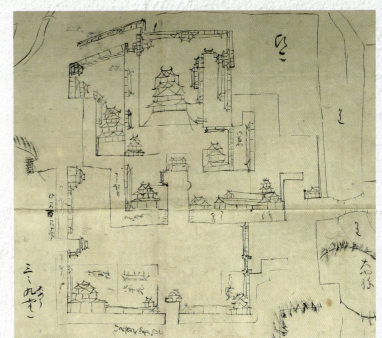

肥後筑後城図（山口県文書館蔵）
加藤清正が亡くなった翌年の慶長17(1612)年に萩藩の内偵が描いた絵図（下が西）。清正晩年の縄張りや城内建造物が描かれている。西側から城内を把握した略図としての性格が強い。本丸想定の場所に最も大きな櫓が描かれており、天守と推察されている。注目すべきは独立天守として描かれているところで、この頃には小天守が造営されていなかったと考えることができる貴重な資料である。

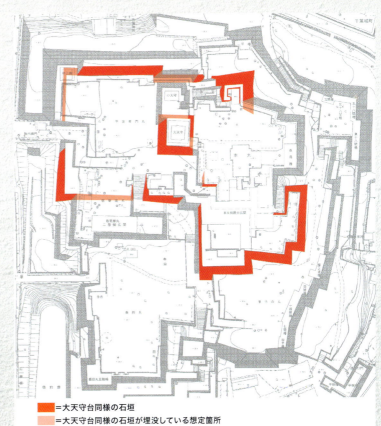

慶長4年頃、石垣から見た大天守単独段階の新城の縄張り
（富田紘一氏案による）

茶臼山山頂付近に方形の曲輪を造成、その中央付近に天守(大天守)を配置するとともに、曲輪縁辺部にも重層櫓(御裏五階櫓)が配置されていた。このような山地における方形の曲輪や天守を始めとする重層櫓を豊臣政権下の諸大名は次々と造営していった。

■ = 大天守台同様の石垣
■ = 大天守台同様の石垣が埋没している想定箇所

熊本城大小天守の歴史　9

天守の意匠・構造

[天守の意匠]

大天守の懸魚
（上から梅鉢懸魚・蕪懸魚・三花蕪懸魚）

懸魚（げぎょ）
破風の下方内部にあり、棟木や桁先を隠す飾り板。破風の形・大きさに合わせて、梅鉢懸魚（うめばちげぎょ）・蕪懸魚（かぶらげぎょ）・三花蕪懸魚（みつばなかぶらげぎょ）・兎毛通懸魚（うのけどおしげぎょ）などが使用されている。大天守1重目の三花蕪懸魚には細川家の九曜紋をあしらっている。

屋根
大天守2、5階の屋根と小天守3階の屋根は庇（ひさし）であり、正式な屋根には数えない。よって大天守は3重6階地下1階、小天守は2重4階地下1階となる。

廻縁雨戸（まわりえん）
天守の最上階は、廻縁を室内に取り込み雨戸を設けている。大天守は外側に板を張らず、小天守は外側に板を張った戸袋で、様式が異なっている。昭和再建時には雨戸をガラス窓に変更した。

石落し
壁面の一部を外に張り出し、その部分の床に設けられた穴から、石垣を登ってくる敵兵を鉄砲などで攻撃する。小天守では外壁の裾を斜めに張り出して石落しを設けた。

忍返し（しのび）
石垣を登ってくる敵兵を阻止するため、外壁の下部に鉄製の槍先を取り付けた装置。古写真では小天守で明瞭に見られる。

石落し（部分）＊

忍返し（部分）＊

※拡大写真は再建天守、そのうち＊写真は「フォトグラフ熊本城」（熊本日日新聞社、2008年）より転載

向唐破風
むかいからはふ

大天守6階の南北面に配置された出窓の屋根に設けられた唐破風。内部は「破風の間」で、北側の破風の間は階段に利用された。（p17参照）

大天守北面（部分）＊

破風
はふ

屋根の妻の納まりに設ける三角形の板。大天守は1重目・2重目に入母屋破風を配置し、東西方向に同規模の千鳥破風を配置する。
宇土櫓をはじめ、城内の他の破風が「むくり」をもつ形状であるのに対して、天守の破風は「反り」をもつという特徴がある。

張り出し（部分）＊

張り出し

大天守の1階床下腕木は石垣の外側に張り出す。「御城内御絵図」では石落しの表現がない。1階が天守台より張り出す事例として萩城天守（山口県萩市）、高松城天守（香川県高松市）などがあった。

地階窓

古写真では小天守1階の窓の下に格子窓と狭間が見える。格子窓は狭間の機能に加え小天守地階が台所であるため、明かり取りや煙出しの機能があったと考えられる。

宇土櫓から見た大小天守（明治8年頃）　冨重写真所蔵
熊本の写真師・冨重利平によって宇土櫓最上階から撮影された

天守の意匠・構造　11

［天守の構造］

　大天守は新城建設の初期に茶臼山台地の最高所に建造された3重6階地下1階の望楼型天守である。大きな反り勾配で著名な高さ12mの石垣から突き出した腕木を土台に1階部分を載せるという特徴がある。1階平面は11間×13間で、創建の頃には豊臣大坂城の11間×12間と並ぶ規模の天守であった（1間は6尺5寸で約2m）。

　各重の屋根は初重と二重が南北棟の入母屋造で東西に千鳥破風を付け、最上重が東西棟の入母屋造で棟端には鯱を揚げ、南北の出窓屋根を権威の象徴となる唐破風とした精美な姿であった。屋根勾配は反りが強く、石垣勾配に合わせたデザインが採用されている。最上階には廻縁と高欄が付けられたが、後に風雨防止のため雨戸が付加された。

　穴蔵は付櫓1階から石階段を上って入り、天守を支える礎石が並んだ土間は7間×6間の広さがあり、1階「御鉄炮之御間」も付櫓2階から入る構造で、四辺には入側縁（廊下）を廻して武者走りとしていた。2階を「御具足之御間」、3階を「御矢之御間」、4階を「御弁当之御間」、5階を「貝之御間」、最上階の6階を「御上段」と呼んで、2階と3階の張付壁には狩野派の障壁画が描かれていた。「御上段」は3間四方の部屋で、張付戸に狩野派の絵が描かれ、城内で最も権威がある藩主の空間として代替わりの儀式などにも使用された。

　小天守は増設された石垣の天端を基礎にして入母屋造の建物の北端に3階建ての望楼を載せる望楼型天守である。屋根は2重で内部が4階となっていて、小天守1階の「松之御間」と最上階の「御上段」は床や付書院をもった座敷で、3階は寝間となる納戸というように住宅風に造られていた。石垣内となる地下空間の穴蔵は、井戸や竈が置かれた水屋（台所）で、籠城にも対処できるようにし、南側に小天守1階や大天守1階に通じる石階段を設けていた。

御城図（永青文庫蔵）

［天守の構成］

　天守に付属する小天守や付櫓の接続方法には、独立式・複合式・連結式・連立式があり、天守の外観に大きく関わる。熊本城の場合、築城当初の大天守は東側に出入り口となる小規模な2階建ての付櫓をもった複合式天守であった。

　大天守に出入りするには、付櫓や南に接続した「御天守廊下」を通る必要があったが、廊下南端には「御札之御間」があり、出入りが監視されていた。さらに「御札之御間」に至るためには、平左衛門丸の「御天守方口之間」から「耕作櫓御門」を経るルートのほか、御殿からは「松之御間」の戸口からのルートや「猿牽之御間」から「火打口」・「耕作櫓御門」を経るルートがあったが、いずれもいくつもの部屋を通る複雑で分かりにくいルートとしていた。

　大天守建造から十数年後、北側に新たな天守台を増設して小天守が建造され、二つの建物がつながった天守が誕生し、この姿が明治10(1877)年の炎上まで続くことになる。

　小天守に外部から入るには、西側の平左衛門丸から小天守台の北側を迂回する西方ルートと「北ノ居櫓埋門」(石門)や御裏五階櫓南の櫓門を経て石段を上る東方ルートがあった。両ルートとも小天守台東下の冠木門を経て、穴蔵東に開いた「御水屋御門」の前の急な石段を上って穴蔵内に入っていた。

　大小天守周りの石垣や建築配置による複雑で分かりにくい天守へのルートは、戦時を優先した熊本城の大きな特徴の一つである。

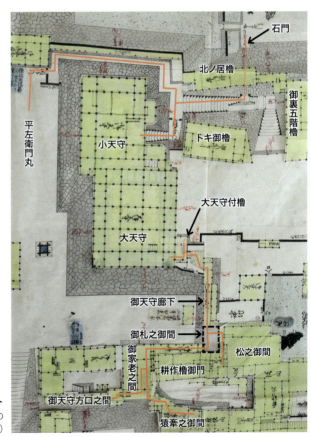

天守へのルート
（しろはく古地図と城の博物館 富原文庫蔵の「御城内御絵図」に朱線を加筆）

［天守断面図］

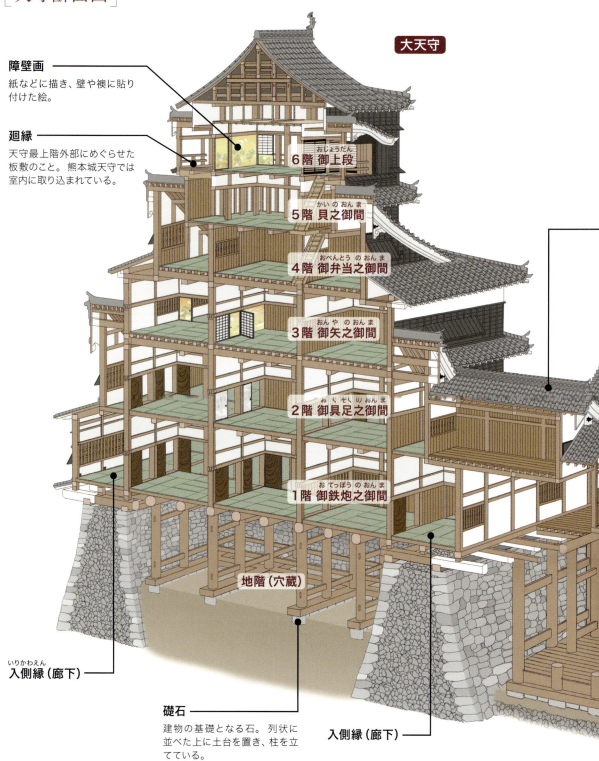

障壁画
紙などに描き、壁や襖に貼り付けた絵。

廻縁
天守最上階外部にめぐらせた板敷のこと。熊本城天守では室内に取り込まれている。

大天守

6階 御上段（おじょうだん）
5階 貝之御間（かいのおんま）
4階 御弁当之御間（おべんとうのおんま）
3階 御矢之御間（おんやのおんま）
2階 御具足之御間（おぐそくのおんま）
1階 御鉄炮之御間（おてっぽうのおんま）
地階（穴蔵）

入側縁（廊下）（いりかわえん）

礎石
建物の基礎となる石。列状に並べた上に土台を置き、柱を立てている。

入側縁（廊下）

監修：伊東龍一
藤岡通夫氏・北野隆氏のイラストや復元図等を基に作成

大天守と小天守の内部である。大天守は地上6階地下1階、小天守は地上4階地下1階からなる。内部は畳が敷かれ、一部の部屋は床や付書院などの座敷飾を備え、襖や壁は狩野派や京都の絵師による障壁画で飾られた。細川家の時代には、天守内部に歴代の甲冑や武具が置かれたと記録に残る。小天守の地階には井戸・竈が設けられ、籠城にも対応できる構造だった。

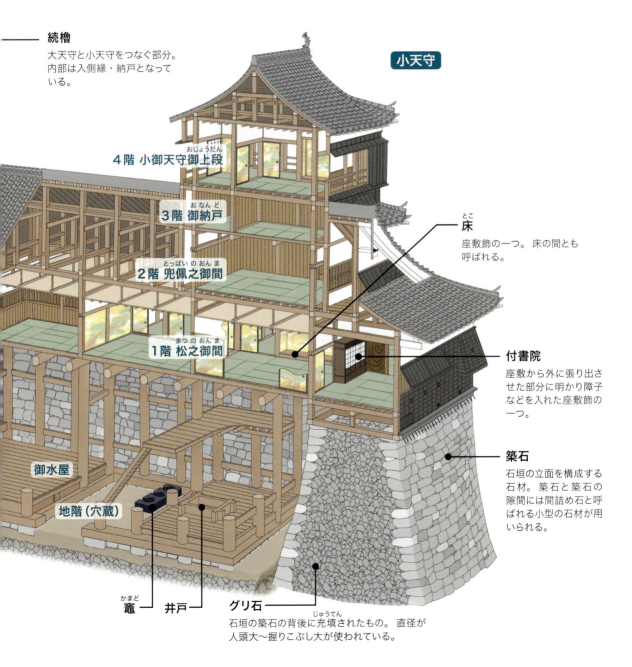

天守の意匠・構造　15

[平面構成]

　大天守は地上6階地下1階、小天守は地上4階地下1階となっている。各階の部屋には武具にまつわる名前が付いており、細川家の時代には天守に歴代藩主の武具が納められていた。

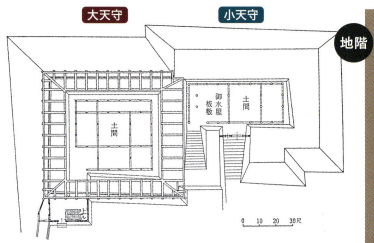

地階

大天守穴蔵
大天守台の穴蔵内部は土間になっており、塩が納められていた。石垣の上に1階の土台をはね出させて組んでいる。

小天守穴蔵
台所となっており、中央は土間で竃(かまど)が置かれていた。土間の南北は板敷きで、北には井戸が設けられていた。

1階

御鉄炮之御間(おてっぽうのおんま)
11間×13間で、内部は9部屋144畳。周囲に入側縁(廊下)が廻っている。9部屋のうち北西隅は御納戸となっている。

松之御間(まつのおんま)
増築された小天守は1階部分で大天守と連結している。小天守1階の主室である松之御間は12畳で、北に付書院、西に床が設けられ、京絵師によって老松が描かれた。主室の東に18畳の次の間、さらに東に6畳の座敷が続く。この座敷には、南に床(とこ)、東に付書院(とこ)が設けられ、床には京絵師によって藤が描かれた。松之間の南には3間×4間の部屋、さらに南に同じく3間×4間の御納戸が続く。北と西に入側縁(廊下)が廻る。

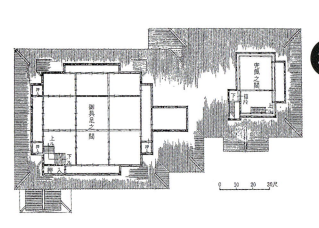

2階

御具足之御間(おぐそくのおんま)
8間×9間で、内部は9部屋126畳である。御具足之御間内部には狩野外記による葡萄の障壁画が描かれていた。四方に破風の間を付けている。

兜佩之御間(とっぱいのおんま)
3間余×5間余で、44畳である。北に破風の間を付けている。

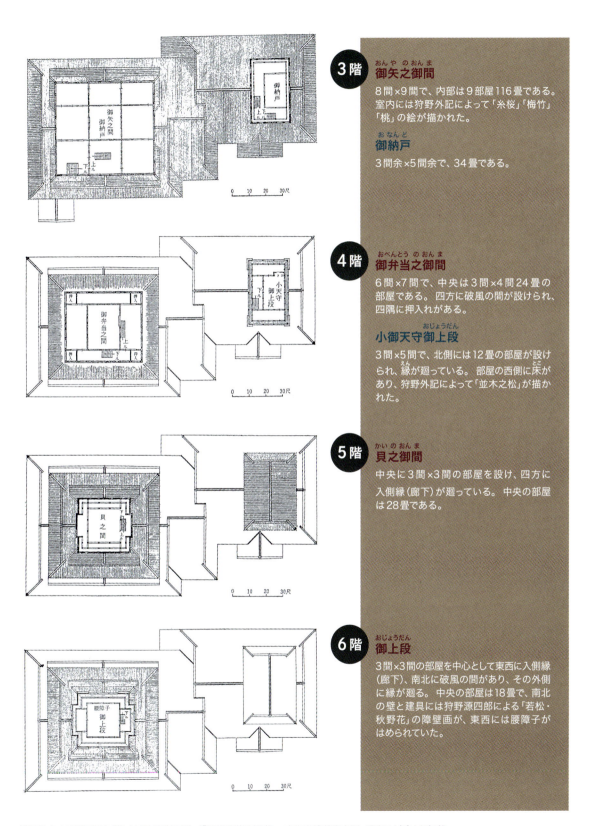

3階 御矢之御間（おんやのおんま）

8間×9間で、内部は9部屋116畳である。室内には狩野外記によって「糸桜」「梅竹」「桃」の絵が描かれた。

御納戸（おなんど）

3間余×5間余で、34畳である。

4階 御弁当之御間（おべんとうのおんま）

6間×7間で、中央は3間×4間24畳の部屋である。四方に破風の間が設けられ、四隅に押入れがある。

小御天守御上段（おじょうだん）

3間×5間で、北側には12畳の部屋が設けられ、縁が廻っている。部屋の西側に床があり、狩野外記によって「並木之松」が描かれた。

5階 貝之御間（かいのおんま）

中央に3間×3間の部屋を設け、四方に入側縁（廊下）が廻っている。中央の部屋は28畳である。

6階 御上段（おじょうだん）

3間×3間の部屋を中心として東西に入側縁（廊下）、南北に破風の間があり、その外側に縁が廻る。中央の部屋は18畳で、南北の壁と建具には狩野源四郎による「若松・秋野花」の障壁画が、東西には腰障子がはめられていた。

※図はすべて藤岡通夫「熊本城天守復原考」（『近世建築史論集』、中央公論美術出版、昭和44年）より転載

天守の意匠・構造　17

熊本城の三天守と全国の現存天守

熊本城の大天守・小天守・宇土櫓は「一の天守・二の天守・三の天守」と呼ばれていたらしい。一国一城令（1615年）や廃城令（1873年）、太平洋戦争（1941〜1945年）などの消失の危機を免れて、江戸時代から現在まで残っている天守（現存天守）は、日本全国に12例ある。天守建築の特徴を現在に伝える大変貴重なもので、現存天守の全てが国宝もしくは重要文化財に指定・保護されている。なお、熊本城の宇土櫓は、現存天守には数えられていないが、規模・意匠ともに天守と遜色ないものだ。

天守には、熊本城三天守のように入母屋造りの建物の上に望楼を築く望楼型天守と、弘前城のように規則的に床面積を小さくし塔状に築く層塔型天守がある。層塔型天守は、望楼型天守に比べ新しい構造をもつ天守で、意匠の自由度が高く経済的なため多くの天守で採用された。

熊本城の天守のように黒い外観に仕上がる下見板張は、耐久性が高く安価という特徴がある。一方、姫路城のように白い外観に仕上がる塗籠は、火災に強いが、高価で湿気に弱く定期的な修繕が必要となる。全国の城郭で多くの天守が建築された慶長年間（1596〜1615年）には、唐破風を望楼の妻面に配置しない熊本城のような下見板張の天守と、唐破風を望楼の妻面に配置する姫路城のような塗籠の天守に分かれる傾向がある。一国一城令や武家諸法度により城の数や新築・再建が制限された元和年間（1615〜1624年）以降に建築された天守は意匠の多様化が見られるが、いずれも規模が小さなものになった。

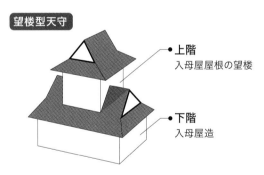

望楼型天守
- 上階　入母屋屋根の望楼
- 下階　入母屋造

下見板張

塗籠

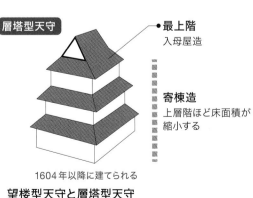

層塔型天守
- 最上階　入母屋造
- 寄棟造　上層階ほど床面積が縮小する

1604年以降に建てられる

望楼型天守と層塔型天守

唐破風（上）と千鳥破風（下）

破風の中でもっとも装飾性が高いものが唐破風。唐破風や千鳥破風などの組み合わせによって、天守の多様な外観がつくられている。

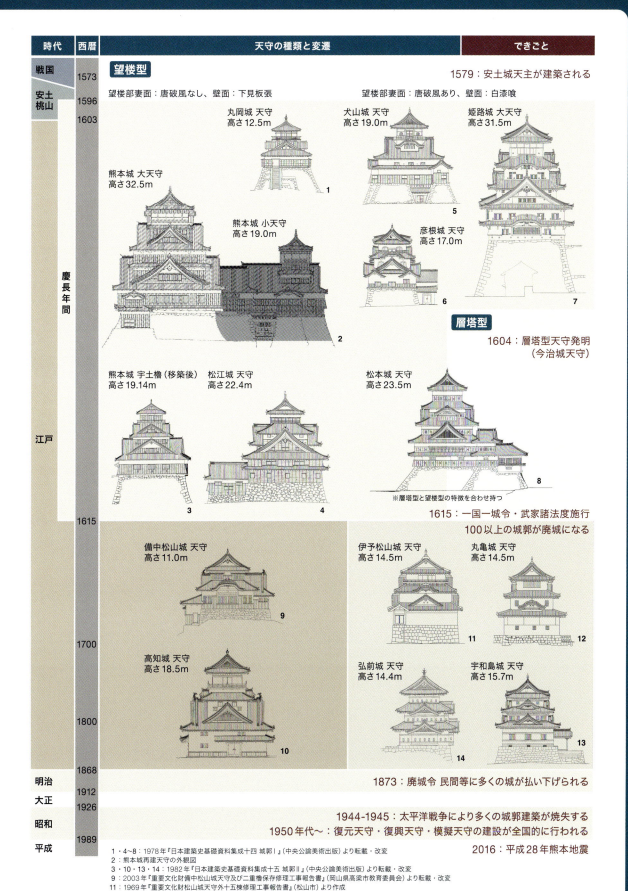

熊本城の三天守と全国の現存天守 Column

明治維新後の熊本城

［熊本城と明治維新］

明治初期の大小天守（冨重写真所蔵）

城の一般公開

　明治3（1870）年7月、本丸にあった藩の役所は花畑へ移転し、城は政治の場としての機能を終えた。同9年、熊本藩は熊本城の天守建物の処分申請書を政府へ提出した。

　同年閏10月から12月まで、熊本城の天守が一般開放された。多くの人々が見物に訪れ、この見物の様子を記した日記も残されている。日記には、小天守には大砲・銃・弓・鎧など多くの武具が置かれていたこと、大天守の最上階まで登って市街地を一望したことなどが記されている。

　それまで自由に出入りすることができなかった城の内部が一般公開されたのは、全国的にも珍しいことだった。

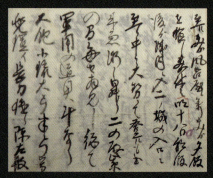

城の一般公開の様子を記す日記
（「五野保萬日記」熊本市立図書館蔵）

内田九一が撮影した明治5年の熊本城。奥には重なった小天守と大天守が見える（東京都写真美術館蔵）

古城の洋学校と医学校。中央の建物が洋学校、その右側の一段下がった場所が医学校
（長崎大学附属図書館蔵）

明治天皇の行幸

　明治5年熊本に明治天皇の行幸があった。参議の西郷隆盛が随行責任者を務め、一行は熊本藩が明治政府へ献上した軍艦で熊本に到着した。

　明治天皇は、熊本城へ着くと古城の医学校・洋学校を天覧し、天守にも登られた。この行幸には写真師の内田九一が随行しており、熊本城周辺などでも撮影を行っている。残された写真によって、明治初期の熊本の風景を見ることができる。

※行幸…天皇が特定の場所に外出すること
※参議…明治政府に設けられた太政官の官職の一つ
※天覧…天皇がご覧になること

宇土櫓と熊本鎮台本営の正門(写真右下)
(熊本城顕彰会蔵、熊本博物館寄託)

熊本城の陸軍用地化

　廃藩置県直後の明治4(1871)年8月、「鎮西鎮台」本営(陸軍)が熊本に設置された。明治5年には花畑の旧藩邸が鎮西鎮台に引き渡され、鎮台の本営となった。明治6年には鎮西鎮台は「熊本鎮台」となり、城内二の丸に兵営の建築が始まった。明治7年になると熊本城本丸が陸軍用地に編入され、花畑の旧藩邸から本営が本丸へ移転し、熊本城が本格的に軍用地となった。

　以後、陸軍病院の建設、砲兵営や工兵営の設置など、次第に城内各所に軍施設が増えていき、明治9年ごろには鎮台の諸施設がほぼ完成した。

軍用地化していく熊本城 （国立国会図書館蔵）
明治9年に作成された図で、西南戦争以前の熊本城内の軍施設の設置状況がうかがえる

❶「熊本鎮台」明治7年に鎮台本営が本丸に設置された。
❷「歩兵営」　明治9年の神風連の変で、神風連の襲撃を受けた。
❸「病院」　　鎮台病院で、明治9年2月に落成した。
❹「山砲兵営」明治9年の神風連の変で、神風連の襲撃を受けた。

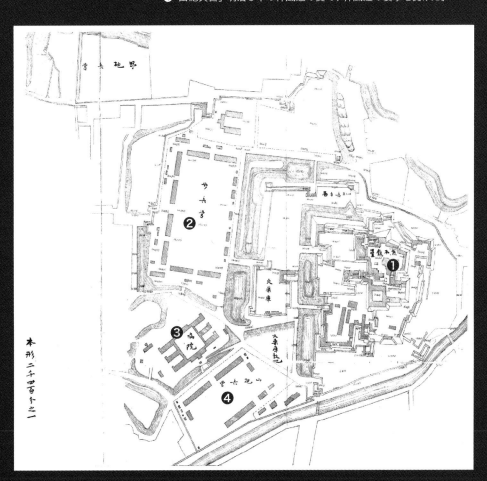

[西南戦争と天守焼失]

西南戦争直後の下馬橋付近。中央に見える書物櫓の右手前が馬具櫓跡。石垣の上に櫓はなく、「堡籃」(防弾壁)を並べて砲台とした(熊本城顕彰会蔵、熊本博物館寄託)

　明治10(1877)年2月に始まった西南戦争は、近代日本最大にして最後の内戦で、熊本鎮台(陸軍)本営があった熊本城は籠城戦の舞台となった。

　開戦直前の2月19日、熊本城内で火災が発生し、天守や本丸御殿(熊本鎮台本営)が焼失した。出火原因については、士気を高めるために熊本鎮台が自ら火をつけたとする自焼説、薩軍が放火したとする放火説、不注意によって出火したとする失火説があり、現在も論が分かれている。焼失した天守台石垣には、現在も火災の痕跡が確認できる。

　開戦は2月21日で、4月14日に籠城が解かれるまでの50余日にわたって戦闘が続いたが、鎮台は薩軍の攻撃から熊本城を守り抜いた。

天守台石垣の炎上の痕跡

　天守が火災で焼け落ちたことは記録に残っているが、記録だけではなく、現地に残る天守台にも多くの痕跡が残っている。

　復旧工事に伴う調査では、焼けて赤く変色した瓦が大量に出土しており、天守台上面のグリ石も焼けて赤くなっているのが確認できた。さらに、天守台上面では焼土の広がりも検出した。

　また、石垣の石材にも炎上の痕跡が残っている。熱を受けた石材の表面は脆くなり、剥離や欠落が起こっている状況が現在でも観察できる。

焼土
天守台(石垣)の上面に火災で焼けて赤くなった土が堆積していた。

九曜紋軒丸瓦
火の受け方の違いにより2色に変色している。焼けた瓦の中には青味がかった瓦も含まれていた。

グリ石
上面に堆積した土や焼土を除くと、焼けたグリ石が確認された。焼けて赤くなる箇所は上面に露出している面だけであり、火災時の痕跡と考えられる。

角石
熱で脆くなった石材は、角となる部分が大きく剥離している。それにより、角石の角が丸みを帯びるように欠けている。

丸瓦
漆喰や焼土などが焼けて付着している。また、高温で歪んだ瓦や溶着した瓦も出土した。

築石
熱を受けて石材の表面に細かなヒビが入り、層状に剥離している。

［明治22年の震災と復旧］

地震の概要

　明治22（1889）年7月28日午後11時35分頃に熊本地方でM6.3と推定される直下型地震が発生した。推定される震源は金峰山南東で、「金峰山地震」とも呼ばれ、死者19名、負傷者53名、家屋の全半壊463棟の被害を出した。当時の新聞には10月31日までに劇震2回、稍強（中震）49回、軽微震205回、鳴動218回の計474回の地震があったと記されている。8月3日にも劇震とされる強い余震が発生しており、熊本城でも被害が拡大した。この地震は、明治13年に地震学会が発足して以来、初めて発生した都市直下型の地震で、小藤文次郎帝国理科大学教授といった地震学者による調査が行われた。

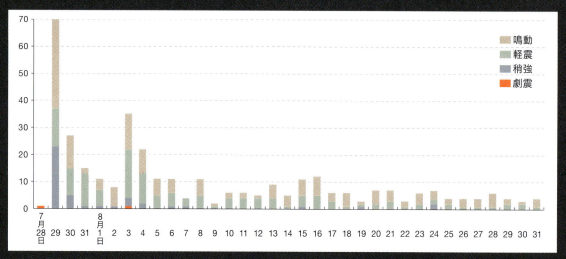

明治22年熊本地震の地震発生回数の推移（7月28日〜8月31日まで）

熊本城の被害

　8月6日の午後、明治天皇から派遣された2名の侍従（じじゅう）が熊本城を視察した。熊本城本丸に司令部を置いていた第六師団が被害状況を報告するために作成したとみられる「震災ニ関スル諸報告」（宮内公文書館蔵）によると、石垣の崩落が42カ所、膨らみが20カ所、崖の崩壊が7カ所である。崩落と膨らみを合わせた石垣の被害はおよそ8842㎡に及んだ。
　建造物では宇土櫓と付属する続櫓の内外壁が約60㎡破損し、入り口の1カ所が石垣とともに崩れた。また、監物櫓ほか櫓の数棟で壁の破損などの被害が生じた。

　被災した熊本城の修復は第六師団によって行われたが、その修復費用は9月10日時点で10万7583円39銭で、現在の価値に換算するとおよそ35億円となる。この修復費用は度々、増額されながら修理が行われた。
　日本最後の内戦、西南戦争において薩軍を一歩も踏み入れさせなかった熊本城は、陸軍にとっては記念碑のような存在であり、その堅固さが改めて評価され保存修復されることになった。

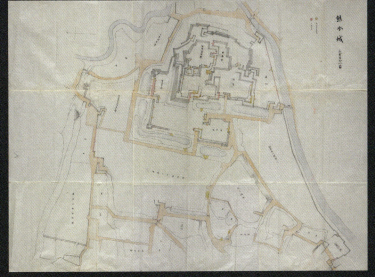
「震災ニ関スル諸報告」に綴じられている熊本城被害図（宮内公文書館蔵）

熊本城被害図の天守部分拡大

闇り通路の被災写真（国立科学博物館提供）

震災後の天守石垣復旧

　明治22年の熊本地震では大小天守も大きく被災している。第六師団はその原因を激烈な震動であったこともあるが、明治10年の西南戦争で天守や御殿が火災となり石材が焼けて脆くなっていたと指摘している。御殿床下の「闇り通路」の被災写真が残っているが、ひどく焼けた石材の表面が次々と剥がれ、角が取れて丸く変形して崩落している様子が分かる。

　天守台石垣も同様の状況だった。穴蔵や出入り口の石垣など、5カ所の石垣の崩落が報告されている。しかし、実際の修理では穴蔵内面の石垣のほとんどが積み直しされていた。

　第六師団は熊本の業者に石垣修理の請負募集をしているが、当時の石垣技術は、清正の頃とは異なり間知石（けんちいし）と呼ばれる規格性をもつ小型の石材を使用していた。大きく重い熊本城の石材で修理するのは大変だったようで、崩落している石材を間知石状に二次加工して小型化を図り、新材も加えたりして積んでいる。

　被災した石垣の修理は6年ほどで終了した。工事完了後の天守の写真をみると、本来の石垣は黒く汚れているが、修理された部分は白い。65年後、この天守台の上に天守が再建されることになる。

熊本城の鯱瓦

「宝暦十三年」銘（1763）の鯱瓦

天守用と考えられる鯱瓦は、完形の伝世品をはじめ少なくとも3個体分が存在する。2007年・2017年に製作された「平成の鯱瓦」は宝暦の鯱瓦をモデルとし、大天守・小天守に載せられた。

---

①鯱瓦 「宝暦十三未ノ八月」 1763年
（熊本城顕彰会蔵、熊本博物館寄託）
幅355mm×長さ760mm×高さ1150mm

②鯱瓦 「宝暦十三未ノ七月」 1763年
（熊本博物館蔵）

①②とも尾ひれ部分に「小山瓦師勘次郎作」の銘あり

③鯱瓦破片（尾ひれ）「宝暦十三未ノ七月」 1763年
（熊本城顕彰会蔵、熊本博物館寄託）
西南戦争直前の火事（1877年）により焼損している

④鯱瓦破片（牙）・⑤同（目玉）・⑥同（耳）
西南戦争直前の火事（1877年）により焼損している

①鯱瓦（完形）

①の部分拡大　　②鯱瓦（前ひれ・後ひれは欠損）

③鯱瓦破片（尾ひれ）　　③の部分拡大

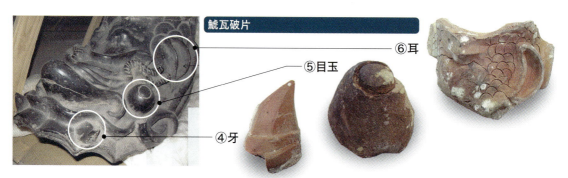

鯱瓦破片

⑥耳　⑤目玉　④牙

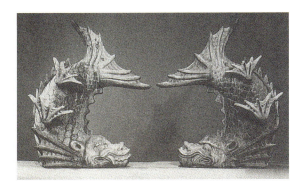

左：雄（約68kg）、右：雌（約57kg）

宇土櫓の鯱

現在、宇土櫓の屋根に載っている鯱は幅35cm×長さ65cm×高さ96cm。鯱の材質は蛍光X線分析の結果、本体部分は合金（銅60％、鉛30％、その他10％）、補加された部材（腹ひれ、横ひれ）は青銅ではなく真鍮に近い合金である。製作技法は半割にした鋳造品を貼り合わせている。なお、背ひれ・鰓ひれ・尾ひれは胴と一体化した表現で造り出されているが、腹ひれ・前ひれ・後ひれは別材として取り付けられている。雄と雌はよく似ているが、「阿吽」の形式をとっており、口元にのみ大きな差異が認められる。

江戸時代中期以降の宇土櫓には鯱が載っていなかったことは、江戸時代の「御城図」（永青文庫蔵）や明治8年末〜9年初め頃に撮影された古写真で確認できる。鯱を載せたのは昭和2年の宇土櫓解体修理時で、師団司令部に保管されていた鯱を載せたものである。

加藤期と思われる鯱瓦（西出丸出土）

西出丸から出土した鯱瓦

宝暦の鯱瓦に比べると2点とも小型で素朴なつくりで、古式の鯱瓦と考えられる。特に写真左は一緒に出土した遺物（瓦・陶磁器など）から天正〜慶長年間すなわち加藤期の鯱瓦と考えられる。

和暦	西暦	熊本城天守鯱瓦に関する主なできごと
慶長4年	1599	「慶長四年八月吉日」銘軒平瓦。この頃、茶臼山の築城に着手。
宝暦13年	1763	「宝暦十三未」（ひつじ年）銘入の鯱瓦が複数製作される。 （小山の瓦師「勘次郎」銘あり）
安政5年	1858	強風雨。熊本城一の天守の鯱吹き折れる。
明治4年頃	1871頃	大小天守が写真撮影され、鯱瓦も写る。 （プリンストン大学蔵・長崎大学附属図書館蔵古写真など）
明治10年	1877	西南戦争直前の火災により、熊本城大小天守ほか焼失。
昭和35年	1960	大小天守の再建（外観復元）に伴い、鯱瓦を製作。 （大天守鯱瓦　奈良市　鈴木吉治氏／小天守鯱瓦　姫路市　小林平二氏）
平成19年	2007	熊本城天守の鯱瓦に破損が見つかり、新たに製作。 （大天守鯱瓦　藤本勝巳氏・小天守鯱瓦　藤本康祐氏）
平成28年	2016	4月の熊本地震で熊本城被災。鯱瓦も落下・破損。
平成29年	2017	熊本城天守閣復旧整備工事に伴い、鯱瓦を新たに製作。 （大天守鯱瓦　藤本康祐氏・小天守鯱瓦　藤本修悟氏）

昭和35年の天守再建

[天守再建に向けて]

■熊本城阯保存会の設立

　明治7(1874)年に陸軍用地となった後、熊本城の管理は城内に本営を置く陸軍が行っていたが、次第に手入れが行き届かなくなり、大正の終わりごろには損傷が目立つようになっていた。

　そのような状況の中、大正15(1926)年、熊本城の保存と啓発を目的として、熊本城阯保存会が結成された。熊本城阯保存会からの呼びかけで各界から多くの寄付が集まり、昭和2(1927)年には宇土櫓の修復を行った。

　修復後、陸軍用地にもかかわらず宇土櫓は一般公開されることとなり、内部にはさまざまなものが展示され、博物館施設として整備された。

解体修復前の宇土櫓

竣工後の宇土櫓

■戦前の天守再建運動

宇土櫓の修復後、天守の再建を求める声はますます盛んになった。「宇土櫓だけでは天下の名城を偲ぶに足らず、如何にしても天守閣を再建すべき」という熊本城阯保存会によって明治10年に焼失した天守の再建が目指され、昭和4年には保存会が設計者を雇い入れて復元設計が行われた。昭和6年には、完成した設計図が建築雑誌に掲載されている。

しかし、当時天守の目の前に第六師団司令部があったため、天守を再建することで司令部を見下ろされることになり、軍の威信にかかわるなどの事情から、この時再建には至らなかった。

昭和初期の大天守石垣

■再建の決定

昭和33 (1958) 年、熊本市は市制70周年の記念事業の一つとして天守再建に動き出した。5月20日には市議会経済委員会に諮り、起債の獲得運動を行うことが了承された。

市が発表した事業計画によると総工費は2億円で、うち1億5千万円を起債、残り5千万円を地元有志の寄付でまかなうこととし、初年度は、地質調査 (100万円)、工事設計書作成 (120万円)、大天守地下1階から地上3階までの建築 (1億200万円) を実施し、次年度に大天守の4階から6階までの建築 (約2700万円)、小天守地下1階から4階までの建築 (6600万円)、付帯工事 (220万円) の完成という構想だった。

このうち、地元の寄付予定額5千万円について、市内・県下各戸から募る一般募金と、企業等から募る特別寄付でまかなう計画が明らかにされると、巨額の募金額に実現を危ぶむ声も一部で聞かれた。しかし、10月には第1回目の起債1千万円の内示を受け、翌年1月には熊本証券金融会社の松崎吉次郎氏が地元募金分の5千万円を全額寄付すると、具体的に再建に向けて動き始めた。

再建は鉄骨鉄筋コンクリート造で行われることとなり、意匠を東京工業大学藤岡通夫教授、構造設計を服部正構造計画研究所 (現株式会社構造計画研究所) が担当した。

■藤岡通夫教授の研究

藤岡教授は戦前より日本城郭建築の研究をしており、熊本城の天守については、古文書や「御天守方御間内之図」(熊本県立図書館蔵) などの絵図、冨重写真所に残る古写真を基に作成した木造復元図を「熊本城天守復原考」(昭和16年) という論文で発表していた。熊本市は藤岡教授に熊本城の天守の研究を委託し、昭和31年11月27日に来熊した教授は熊本城保存工事事務所で資料調査を行っている。

熊本城の場合、明治10 (1877) 年に天守が焼失するまでに冨重利平によって撮影された古写真が多く残っている。藤岡教授は鉄骨鉄筋コンクリート造での再建ながら、外観の復元には細心の注意を払った。

天守再建費の目録を坂口市長に手渡す松崎氏 (中央)
(昭和34年1月14日　熊本日日新聞)

まず、冨重写真所に残る古写真をさらに精緻に研究し、瓦の枚数から軒の出を計算して設計の参考とした。藤岡教授が部分的に引き伸ばした古写真には鉛筆で何本も線が引かれており、破風の反りを検討したことがよくわかる。その後、木造天守の平面図・立面図を20分の1縮尺で作成し、木造の軸組模型を制作して意匠が確かめられた。

　これらの研究の結果、熊本城の建築物の中でも大天守のような反りのある破風は例外的であり、さらに一般的な反り破風としても、大きな蓑甲(みのこう)（破風と屋根面との間の三角形の曲面）をもつ例外的な存在であることが判明した。

天守の資料を調べる藤岡教授
（昭和31年11月28日付熊本日日新聞）

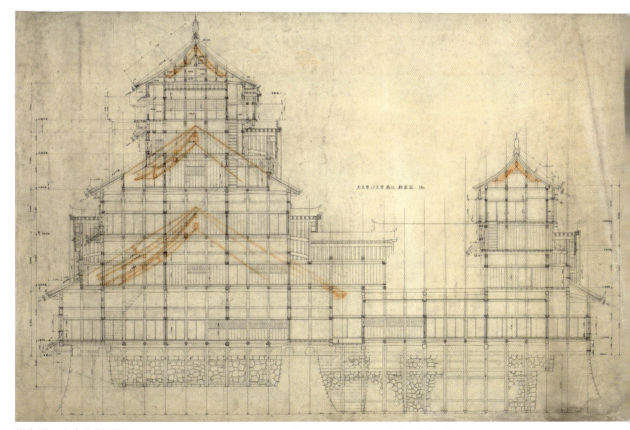

熊本城天守南北断面図（縮尺50分の1）　天守再建にあたって作成されたとみられる木造天守復元案

［天守軸組模型］

　天守の修理や再建に際し、模型を製作して構造や意匠を検討することは、江戸時代からよく行われた。天守の模型として最も古いとされる「松江城天守雛型(ひながた)」の製作年代は一説に寛永15(1638)年といわれ、天守の修理を目的に作られたと考えられている。また、小田原城天守は江戸時代の20分の1模型が3基伝来しており、昭和35(1960)年の天守再建の際にも復元の根拠資料となった。

　昭和35年の熊本城天守再建工事においても、藤岡通夫教授によって天守の10分の1木造軸組模型が作られ、構造・意匠の検討が行われた。

　この模型は、昭和34年に藤岡教授が再建天守の構造設計を担当していた山本順一郎氏に依頼し、山本工務店で製作された。山本氏が藤岡教授

熊本城天守軸組模型（縮尺10分の1）

とともに、熊本城天守の木造復元図の作成に携わっていたからだ。鉄筋コンクリート造での外観復元となるため、天守の本来の形が分かる模型を作ることが当時の文化財保護委員会（現文化庁）の方針だったようだ。木曽檜(ひのき)を使用しており、模型の大きさは東西2.9m、南北5.3m、高さ3.1mに及ぶ。

この模型の製作にあたっては藤岡教授の木造復元案が基になっており、再建する天守の意匠とも大きく関わっていた。藤岡教授は古写真を検討し、軒の出が小さいことから屋根に化粧垂木(けしょうたるき)を用いていないと想定した。その場合、構造材の垂木自体に大きな反りがなければならないが、藤岡教授はのちに著書『城と城下町』（中央公論美術出版、昭和63年）で次のように語っている。「垂木に反りを持たせるためには、幅の広い大きな材から反った垂木を削り出さなければならないが、そういうことがあり得るのだろうか。どうも自分で判断できぬので、文化庁のその道に堪能な人に尋ねたところそれはあり得るとのことであったので、そういう骨組の模型を造り鉄筋コンクリートでもそれを引移すようにした」

模型の外壁や屋根の一部は内部を確認できるよう取り外されており、部屋の間取りや建具、床(とこ)、付書院(つけしょいん)なども見ることができる。床や壁の一部もあえて作らないことで、柱や梁などの構造を見せる工夫がされている。製作された模型は、江戸時代の熊本城天守の構造を考える重要な研究成果の一つである。

模型の内部　絵図に基づき内部空間が復元されている

昭和35年の天守再建　35

軸組模型の製作秘話

Column

製作中の軸組模型（株式会社構造計画研究所より提供）

　藤岡教授から模型の製作依頼を受けた山本氏によると、山本工務店では木曽檜を江東区木場の「木多屋」に発注し、端材を含めてトラック2台、約80万円の木材を調達し製作に取り掛かった。柱・桁材・床板・野地板などは各々の寸法に機械で加工して鉋で仕上げ、各階床・間取り・壁区画・階段・建具等を復元図に合わせて加工した。製作を始めると、大天守の高さが敷台より3.5mとなり、作業場の出口をはるかに越えてしまうことに気づき、急遽、丸太にトタン屋根の仮設小屋を建てて移動させたそうだ。

　模型が8割ほど完成した頃、藤岡教授より「熊本市の産業祭に模型を出展するように」と連絡が入った。東京から熊本まで輸送することになり、分割して積み込むとトラック2台で、わずかに荷台からはみ出したので警察へ申請し、前後にガイド車をつけた計4台の行列で新橋へ向った。国鉄の貨車からも約20cm突出したが、そのまま積載を認めてもらい熊本まで運んだ。一緒に出張した大工2名と模型を仮組みし、産業祭を迎えた。その後、小天守に搬入して約20日かけて模型が仕上げられた。

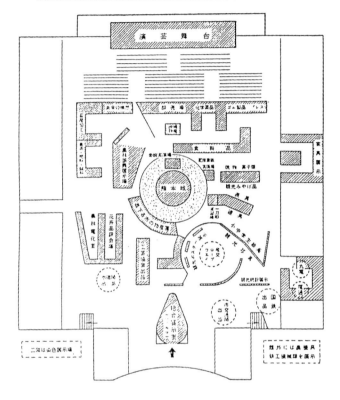

産業祭会場配置図
（昭和34年10月「くまもと市政だより」より転載）
館内入ってすぐの「総合展示室」では、有明干拓実現後の産業発展予想図がパノラマで示された。会場の中央には、熊本城天守軸組模型が置かれ、周囲に県下各市の特産品や工芸品、農林振興展示場などが展開された。

産業祭

「市制施行70周年記念産業祭」は、熊本市の商工、農林、観光を中心に、市の産業経済の現状とその将来を広く発信することを目的に開催された。前年に落成した水前寺の市立体育館で昭和34（1959）年10月7日から11日まで盛大に開かれ、5日間でおよそ4万人が訪れた。会場の目玉となったのはこの年に製作された熊本城天守軸組模型で、それを取り囲むように各種の市産品や熊本市のパノラマ、模型、写真が展開された。総経費は300万円で、約4千点に及ぶ出品物が並べられた。

**会場中央に据えられた
熊本城天守軸組模型**
（昭和34年10月9日付熊本日日新聞）
山本氏によって製作された模型は、この産業祭で初めて熊本で展示された。

軸組模型の製作秘話　Column　37

［再建前の調査］

　昭和の天守再建計画では鉄骨鉄筋コンクリート造とすることが決まったため、その基礎工事の工法が大きな課題となった。そのため工事の開始前に熊本大学工学部の原田有教授を中心として天守台周辺で昭和31(1956)年12月に1カ所、昭和33年12月に5カ所のボーリング調査と土壌の調査が行われた。

　調査の結果、天守台石垣は阿蘇山の火砕流や火山灰を起源とした火山灰質シルト（ローム）・火山灰質砂層上に築かれていることが判明した。さらに、追加の調査において火山灰質土の下層に風化凝灰角礫岩層（ぎょうかいかくれきがん）が存在することが分かった。天守台の地質が明らかになるとともに、天守再建の構造設計で活用されることになった。

［再建天守の構造設計］

　構造設計業務は服部正構造計画研究所が担当し、昭和34年4月から8月までの4カ月を掛けて計算書が作成された。

　石垣に荷重を掛けないようにするため、基礎と鉄骨鉄筋コンクリートの構造体との関係は複雑になる。「熊本城復原工事に関する構造上の仕様書」によれば、「数百年前に建設された石垣等の耐力については、今日推察す可くもないが、特別史蹟と指定されている現在、之に何等の損傷も与える事なく、本工事を完了せんとすることが、設計者一同の願いであり、且つ、今後、永久的に、この城が維持される事も、又希望である。」として、文化財の石垣を守りながら天守の構造設計が行われた。

熊本城天守再建のためのボーリング調査
（昭和33年　熊本日日新聞）

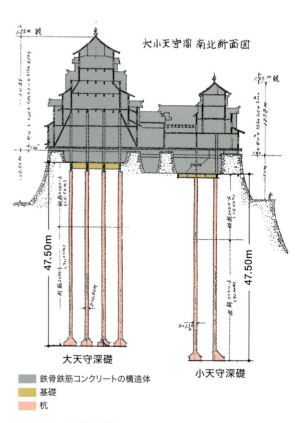

コンクリート基礎の構造

約7千トンの重量を支え文化財の石垣を守るため、天守穴蔵から杭を地中の岩盤まで埋め込むこととしたが、いくつかの事態から基礎工事に変更が必要となった。まず事前に行われた前述のボーリング調査で「風化凝灰角礫岩層の下、地下34mのあたりに固い安山岩の岩盤がある」とされていたが、基礎の施工段階になり、「安山岩の岩盤」とされていたのは大きな噴石であったことが判明した。さらに小天守の井戸の保存、小天守の穴蔵地下に大天守石垣の裾が存在することなどの問題が生じた。

　これらの問題・制約に対し、さまざまな工夫を行った。杭孔は人力で掘られたが、藤岡通夫教授著の『城と城下町』(中央公論美術出版、昭和63年)によれば、支持基盤を確認するため服部所長自らワイヤー1本で最下部まで降りていったという。坪井川の川底とほぼ同じ深さ40mまで掘り下げても岩盤が発見されなかったため、その杭は深さ35mの硬い風化凝灰角礫岩層までコンクリートで埋め戻し、杭底部の面積を少し拡げて支えることとなった。

　大天守では穴蔵に設けた基礎の上に建物の全重量を掛け、石垣には荷重が掛からないようにした。小天守では一部石垣に荷重が掛かることになったため、鉄筋コンクリートをやめ、重量を軽減するために外周部の外壁は鉄骨造とした。また、中央部の鉄筋コンクリート造の部分とは継ぎ目を固定せず動き得るようにして、不同沈下に備えた。

　さらに、大天守3・4・5階を鉄筋軽量コンクリート造、最上階を鉄骨造とするなど天守そのものの軽量化を徹底しながら、地震に対する耐性係数を基準よりも25％多く見積もった想定で構造計算を行った。

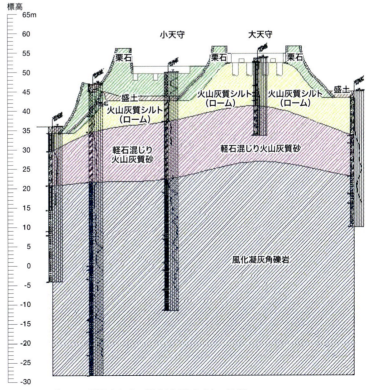

ボーリング調査による熊本城(茶臼山)の地質

［起工式］

　昭和34（1959）年4月1日午前9時、天守再建の起工式が天守台石垣前の広場で行われた。坂口主税市長、神山・田代両助役など熊本市関係者、寺本広作知事ら県関係者、商工、教育、自衛隊、さらに寄付を行った松崎吉次郎氏など約300人が参列した。坂口市長、兼坂市議会議長による鍬入れ、工事担当の大林組の杭打ち、玉串奉典の儀式が執り行われ、坂口市長の挨拶、寺本知事の祝辞が述べられた。

　さらに天守の今後の工事説明を藤岡教授が行っている。そして再建する大天守30m・小天守18mの高さを示すアドバルーンが天守台から上げられた。明治10年（1877）の焼失以来、82年ぶりに天守再建が開始された瞬間であった。

起工式の様子

［天守礎石の発見］

　天守の再建工事では建物を支えるための杭打ちやコンクリート基礎が必要で、当然ながら天守台内側の大規模な掘削工事を伴う。しかし天守台には本来の木造天守を支えていた遺構（礎石など）が存在するため、全国の天守再建工事では礎石の発見例が相次いだ。広島城・名古屋城・岡山城などでは当時、検出した天守礎石を城内の別の場所にそのまま移設・屋外展示している。熊本城でも、昭和34年に天守再建工事に伴って大小天守の礎石がそれぞれ発見され、当時その実測図を作製し、さらに礎石を天守台下の広場に移設して平面表示（展示）するなど一連の保存措置が講じられた。昭和35年には天守再建と同時に整備された礎石列も一般公開された。

大天守礎石（南東から）

小天守礎石（南から）

礎石実測図（昭和34年）

礎石の移設・平面表示（展示）

天守再建の工事アルバムより

「大天守旧礎石置場」（昭和34年7月2日）

「大天守旧礎石」（昭和35年8月31日）

礎石移設整備

礎石移設整備後（北西から）

礎石移設整備後（南東から）

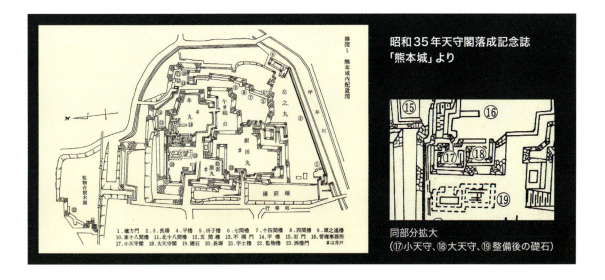

昭和35年天守閣落成記念誌「熊本城」より

同部分拡大
（⑰小天守、⑱大天守、⑲整備後の礎石）

［熊本城再建天守の基礎情報］

大天守	鉄骨鉄筋コンクリート造
	地上6階地下1階
	基礎　深礎（特殊井筒基礎）　8本
	屋根　本瓦葺き
	外壁　黒色下見板張、一部白漆喰塗

小天守	鉄骨鉄筋コンクリート造
	地上4階地下1階
	基礎　深礎（特殊井筒基礎）　4本
	屋根　本瓦葺き
	外壁　黒色下見板張、一部白漆喰塗

延床面積	大天守 約1759㎡
	小天守 約1309㎡
	計3068㎡

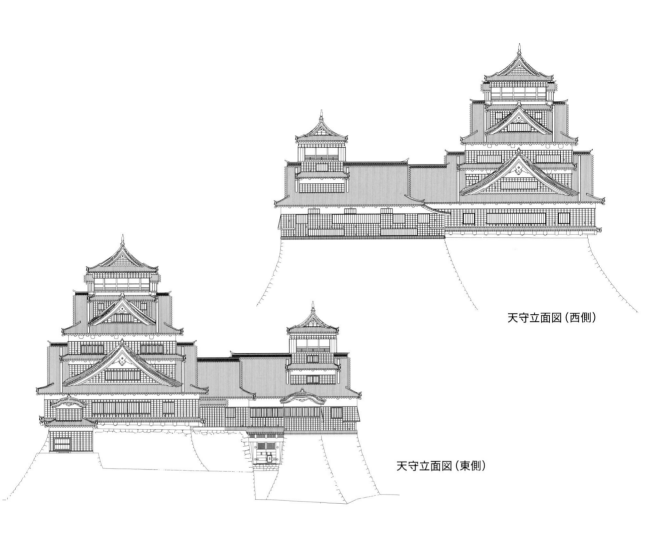

天守立面図（西側）

天守立面図（東側）

諸情報	高さ	大天守30.29m　小天守18.78m
	瓦枚数	約8万枚
	重量	約7千トン　（使用鋼材約5千トン　使用コンクリート約2千トン）
	総工費	1億8千万円
	工事関係者数	延べ約4万人
	設計者	藤岡通夫（ふじおか みちお）
	構造設計	服部正構造計画研究所（はっとり まこと）
	現場管理者	熊本城天守閣再建工事事務所
	施工者	株式会社大林組福岡支店
工事期間	起工式	昭和34年4月 1日
	立柱式	昭和34年8月14日
	上棟式	昭和35年4月 1日
	竣　工	昭和35年8月31日
	落成式	昭和35年9月22日

（天守再建時の『熊本城』パンフレットから引用）

➡ 天守再建工事の続きは次号（Vol.3）に掲載します。

平成30年度上半期までの経過

[主な出来事]

平成29（2017）年

10月 1日	城内の見学エリアを一部拡大
10月 7日	秋のくまもとお城まつり開催
11月 2日	大天守最上階に仮屋根設置
11月 6日	長塀復旧に伴う確認調査着手
11月22日	平御櫓続塀の解体工事着手
12月18日	『復興 熊本城 Vol.1 被害状況編』を刊行
12月20日	飯田丸五階櫓の解体保存工事着手

平成30（2018）年

1月 8日	小天守崩落石材の回収着手
2月 1日	特別見学通路設置に伴う確認調査着手
2月18日	熊本城マラソン2018開催
3月 3日	春のくまもとお城まつり開催
3月25日	子ども石垣調査隊実施
3月25日	桜の開花に合わせて週末のみ行幸坂限定公開
3月	「特別史跡熊本城跡保存活用計画」を改訂
3月28日	「熊本城復旧基本計画」を策定
4月 3日	大天守最上階の仮屋根解体
4月 6日	二の丸御門崩落石材の回収着手
4月28日	鯱瓦設置イベント「復活しゃちほこまつり」開催
6月 6日	不開門崩落石材の回収着手
6月15日	桜馬場・高麗門地区、特別史跡追加指定答申
6月20日	大雨により元太鼓櫓倒壊
7月 2日	飯田丸五階櫓「一本石垣」解体開始
7月23日	大天守石垣積み直し開始
8月 8日	西大手門・元太鼓櫓・監物櫓の解体保存工事着手
9月14～16日	文化財石垣保存技術協議会熊本研修会
9月14日	長塀復旧に伴う掘削作業開始

春のくまもとお城まつり

子ども石垣調査隊

桜の開花に合わせて
限定公開された行幸坂

大天守最上階の仮屋根解体

鯱瓦設置イベント
「復活しゃちほこまつり」

熊本日日新聞　平成30年7月24日付朝刊

［特別史跡熊本城跡保存活用委員会・専門部会の開催］

熊本市は、3月に「特別史跡熊本城跡保存活用計画」を改訂した。また、特別史跡熊本城跡の保存と活用の在り方について、幅広く総合的に検討するために委員会を設置し、さらに専門部会を設けて専門的かつ詳細な検討を行っている。

平成29（2017）年	
10月23日	天守復興部会開催
12月25日	文化財修復検討部会開催
平成30（2018）年	
1月15日	天守復興部会開催
2月19日	委員会開催
3月30日	文化財修復検討部会開催
7月20日	文化財修復検討部会開催

特別史跡熊本城跡保存活用委員会・専門部会の様子

［報道発表・公開］

大天守および飯田丸の工事進捗状況を中心として定期公開を行うなど、公平かつ正確な情報提供のために適宜報道発表を行うとともに、ホームページや現地での情報公開にも努めている。

平成29（2017）年	
10月 1日	規制区域変更
10月26日	基本計画策定委員会
11月 2日	定期公開（天守、宇土櫓、不開門部材回収、飯田丸）
11月24日	旧細川刑部邸紅葉限定公開
12月 5日	天守閣前広場イチョウ公開
12月16日	基本計画策定委員会
平成30（2018）年	
1月26日	定期公開（天守、飯田丸、長塀）
3月25日	子ども石垣調査隊 定期公開（行幸坂桜、大天守仮屋根、仮設見学通路確認調査）
3月28日	熊本城復旧推進会議
4月 3日	大天守仮屋根解体
4月 6日	大天守の鯱瓦設置・現場公開
5月15日	定期公開（天守、飯田丸）
6月26日	定期公開（大天守内部耐震工事）
7月 2日	飯田丸五階櫓「一本石垣」解体
7月23日	大天守台石垣積み直し
8月29日	小天守4階解体、大天守3階足場解体
8月31日	定期公開（新補石材の加工、西大手門工事着手）

大天守の鯱瓦設置・現場公開

平成28（2016）年12月26日に策定した「熊本城復旧基本方針」に基づき、石垣・建造物等をはじめ熊本城全体の復旧手順や復旧過程の公開など、復旧に係る具体的な方針、施策及び取り組みを体系的に定め、熊本城の効率的・計画的復旧と戦略的な公開・活用を着実に進めていくために平成30（2018）年3月28日に「熊本城復旧基本計画」を策定した。

■ 計画の対象区域

特別史跡区域（56ha）※及び**都市計画公園区域**（55.7ha）。
※平成30年に追加指定の桜馬場・高麗門地区を含む。

■ 復旧基本計画の期間

復旧基本計画の期間は20年と設定。2022年度までの5年間を短期、計画期間の終期までの20年を中期、100年先の将来の復元整備完了までを長期として位置づけた。

■ 基本方針

熊本城の復旧では、文化財的価値の保全や都市公園と調和した重要な観光資源としての早期再生、将来の災害に備える安全対策等に加え、震災の記憶を次世代に繋げていく長期的な視点を持ち、効率的・計画的な復旧と戦略的な公開・活用を進めていくことが重要である。また、石垣と建造物の復旧にあたっては、被災原因の究明、石垣と建造物の関係性の検証と安全な状態で復旧するための工法の検討等の調査・研究を先行して進めることが不可欠であり、このような考え方に基づき、以下の7つの基本方針を定めて、それぞれの方針に基づく施策と具体的な取り組みを進めていく。

基本方針1　被災した石垣・建造物等の保全

○ 崩落・倒壊した石垣・建造物等部材の回収・適切な保全（中期）
○ 崩落・倒壊等の危険性の高い石垣・建造物等への緊急的防止措置（短期）
○ 被害実態の詳細把握及び復旧手法等への反映（中期）

基本方針2　復興のシンボル「天守閣」の早期復旧

○ 市民・県民の復興のシンボル「天守閣」の2019年を見据えた早期復旧（短期）
○ 耐震化等による天守閣の安全性の向上（短期）
○ 天守閣のバリアフリー化及び展示・内装内容の刷新（短期）

基本方針3　石垣・建造物等の文化財的価値保全と計画的復旧

○ 石垣・建造物等の計画的復旧（中期）
○ 工区や復旧過程の公開等を踏まえた石垣・建造物等の段階的復旧（中期）
○ 伝統技法等による丁寧な復旧及び効率的手法の検討（中期）

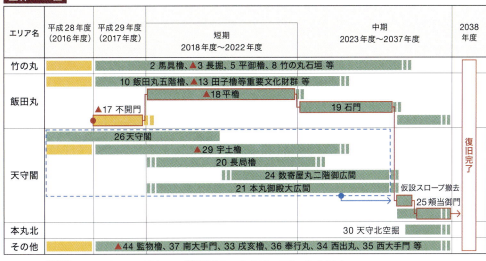

全体の工程

基本方針4　復旧過程の段階的公開と活用

○ 天守閣エリア等の早期公開と主要構成建造物の復旧（中期）
○ 復旧過程の文化・観光資源等としての活用（中期）
○ 都市公園施設としての機能の回復・向上（中期）

基本方針5　最新技術も活用した安全対策の検討

○ 文化財的価値の保存を踏まえた石垣・建造物等の耐震化等の検討（中期）
○ 耐震化等安全対策に係る最新技術・現代工法の検討（中期）
○ 将来の災害に備えた熊本城全体の安全・防災対策等の検討（中期）

基本方針6　100年先を見据えた復元への礎づくり

○ 熊本城調査研究の更なる推進（中期）
○ 将来にわたる継続的な復旧を支える人づくり（中期）
○ 震災の記憶継承と幕末期など往時の姿への復元検討（中期⇒長期）

基本方針7　復旧基本計画の推進

○ 国県等の関係機関一体となった復旧の推進（中期）
○ 多様な復旧財源の確保（中期）
○ 城主制度や瓦の活用等による継続的な市民等の参画による復旧（中期）

復旧基本計画の策定

天守閣復旧整備工事

復旧工事

① 既存の建物の耐震性能を確保・向上するためにブレース（①）や耐震壁（②、③）などを新たに設置した。また、既存の躯体を炭素繊維シート（④）などにより補強。さらに遺構、深礎杭への地震力を低減させるためにダンパー（⑤）などの制振装置を設置した。

① 大天守4階　耐震ブレース

② 大天守5階　耐震壁

③ 大天守4階　耐震壁

④ 大天守2階　炭素繊維補強柱

⑤ 大天守1階クロスダンパー

② 躯体による石垣への影響を無くすために跳ね出し架構（⑥）を採用し、石垣と躯体を分離。石垣崩壊の再発を防止するとともに、万が一石垣が崩壊・沈下した場合においても躯体の被害を最小限に留める。

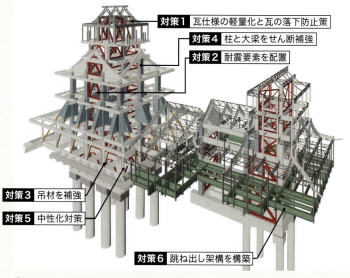

対策1　瓦仕様の軽量化と瓦の落下防止策
対策4　柱と大梁をせん断補強
対策2　耐震要素を配置
対策3　吊材を補強
対策5　中性化対策
対策6　跳ね出し架構を構築

⑥ 跳ね出し架構等の耐震補強の概要

❸ 災害時の安全を確保するため、屋根工事にも対策を講じた。瓦下地は湿式工法から乾式工法へと変更して軽量化を図ることにより、建物の耐震性能が向上。瓦は一枚ずつ、銅線と釘で木下地に固定し、地震・暴風などによる瓦の落下を防止（⑦）。既存の瓦は工事の際に全て撤去したが、割れていないものは再利用し、再利用不可分は新規に製作を実施した。新規製作した瓦はできる限りの軽量化を図った。大天守最上階は屋根の目地漆喰施工（⑧）のために仮設屋根で覆っていたが、平成30年4月4日に仮設屋根を撤去（⑨）。その後、足場の一部も解体され大天守屋根がはっきり見えるようになった（⑩）。同月28日には鯱瓦の設置が完了した（⑪、⑫）。

⑨ 大天守仮設屋根撤去

⑩ 大天守6階　足場解体（サッシ取り付け前）

⑦ 瓦設置　銅線緊結と釘止状況

⑧ 屋根目地の漆喰施工

⑪ 大天守鯱瓦

⑫ 大天守鯱瓦設置完了

復旧工事

天守台崩落石材の回収と石垣の解体

崩落石材の回収

　崩落した石材は、まず崩落した状況を測量し、1石ずつ番号を付けてから回収する。石垣の崩落状況を記録することは、崩落過程を明らかにし、崩落原因を考える上で重要である。

回収

1 崩落石材周辺の掘削
崩落した裏込め（グリ石）に埋まっている石材を露出させて位置を記録する

2 崩落石材への番号付け作業
崩落石材に番号を付ける

3 崩落石材の回収
1石ずつワイヤーを掛けて回収する

石垣の解体

　変形した石垣を解体するため、事前の測量により現状を把握し、解体する範囲を決定する。その後に、石材の背面を掘削して、解体する石材に番号を付けてから1石ずつ外していく。解体する石材は、解体前だけではなく、解体後の状況についても調査・記録をする。石材の下になっていた部分を観察することで、積み方の特徴が分かり、変形の原因と積み方の関係を検討する材料になる。

解体

❶ 石垣背面の裏込め（グリ石）の掘削
石材を解体する前に、1段分の裏込めを掘削する

❷ 解体前の番号付け作業
元の位置に積み直すために、1石ずつ番号を付ける

❸ 石垣解体作業
石材を少しずらしてワイヤーを掛け、
クレーンで吊り上げる

❹ 狭い場所での解体作業
クレーンが使用できない場所では、
バックホーで吊り上げる

❺ 石材置場への運搬
解体した石材は、一度仮置きしてから
石材置場まで運搬する

❻ 石材置場での保管
積み直しが始まるまでに、石材の調査や補修を行う

大天守台石垣上面の発掘調査

復旧工事

平成29（2017）年6月に大天守台石垣上面の発掘調査を行った。調査の結果、大天守南面〜西面の外側石垣際には明治10（1877）年に大天守が焼失した際の焼土が残存していることが分かった。焼土の下部には熱を受けたグリ石を確認した。穴蔵内壁の南面〜西面南側にかけてと東面〜北面東側にかけては、明治22年の熊本地震（金峰山地震）で崩落・変状し石垣を積み直した範囲を確認した。石垣上面の東面〜北面にかけては、明治10年の西南戦争時の焼土を整地した層と熱を受けたグリ石を確認した。北面西側は昭和31（1956）年までの間、石垣を崩して通路としていたことが分かった。また、昭和35年の天守再建時に、石垣の復元を行った際の裏込めや客土を確認した。

発掘調査の様子

発掘調査の成果

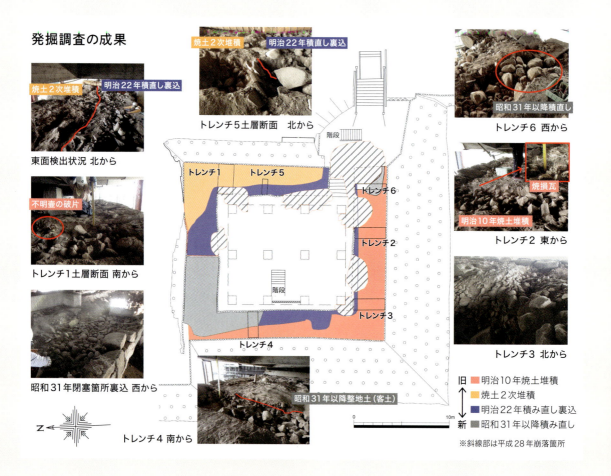

大天守台石垣から出土した遺物

　発掘調査や石垣解体時の調査によって、大量の遺物が出土した。そのほとんどは瓦で、多くが赤く変色しているため「大天守が炎上した時に葺かれていた瓦」と考えられる。出土した瓦には各種の軒先瓦が見つかっており、滴水瓦もその一つである。
　また、明治時代頃に作られたと考えられる用途が不明な壺（不明壺）もまとまって出土した。この壺は天守や飯田丸などの限られた場所でしか見つかっておらず、どのような用途があったのか分からない謎の遺物である。

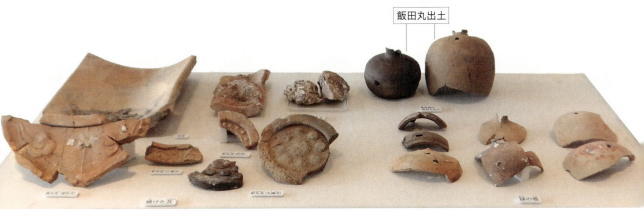

出土した遺物
左側が瓦、右側が不明壺。不明壺は複数の穴が開いており、多くが素焼きの土器に似た陶器である。

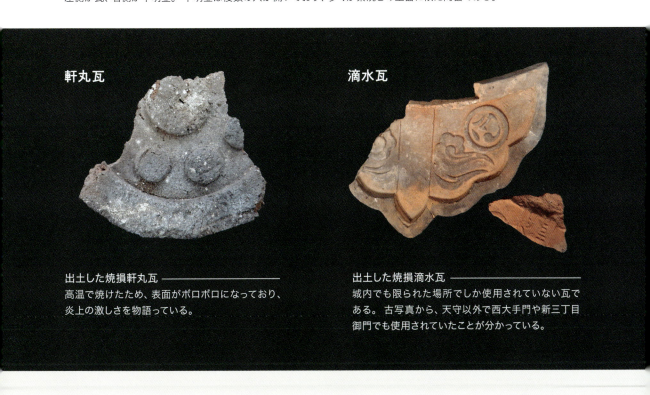

軒丸瓦

出土した焼損軒丸瓦
高温で焼けたため、表面がボロボロになっており、炎上の激しさを物語っている。

滴水瓦

出土した焼損滴水瓦
城内でも限られた場所でしか使用されていない瓦である。古写真から、天守以外で西大手門や新三丁目御門でも使用されていたことが分かっている。

復旧工事

飯田丸五階櫓石垣復旧の過程

飯田丸五階櫓本体倒壊防止工事

　飯田丸五階櫓の石垣復旧工事は、櫓本体の倒壊防止工事から始まった。まず仮受構台を背後から設置し、櫓本体の倒壊防止に努めた。その後櫓下に崩落した石材を、無人重機で1石1石回収した。次に櫓本体を下から支える鉄骨構台を組み上げ、「一本石垣」の倒壊防止工事も行った。そして、上から支えていた仮受構台を解体し、櫓本体の解体に着手した。

倒壊防止

❶ 背後から仮受構台を設置
（平成28年6月～7月）

❷ 無人重機による崩落石材回収
（平成29年5月～6月）

❸ 下から受構台を設置し、仮受構台を解体
（平成29年8月～9月）

❹ 飯田丸五階櫓本体の解体工事
（平成29年12月～平成30年6月）

飯田丸五階櫓本体解体工事

　部材を再利用するために丁寧に解体工事を行った。まず瓦を1枚ずつ取り外し、壁は漆喰部分を取り除き、内部の荒壁土は再利用のため回収を行った。建築部材の回収は、柱や梁など1本ずつ解体しながら回収する場合と、小屋組み全体を地上に降ろして安全に解体する場合があった。櫓本体の解体後、石垣解体工事へと移行する。

解体

❶ 瓦を1枚ずつ回収

❷ 漆喰を取り除いた壁

❸ 小屋組みのまま回収し、地上で解体

❹ 部材回収終了

復旧工事
重要文化財建造物の保全

　重要文化財建造物は同じ部材を用いて修理することが原則であるため、まず倒壊した部材の損傷や劣化を最小限に留めるために雨水対策としてシートをかけて養生した。その後、足場を組んで部材回収を行った。回収した部材は、清掃してから部位ごとに分別して収納している。
　今後は、被災した部材の調査や新しい部材の調達、伝統技法を基本とした丁寧な組み立てなどを行っていく。

保全

❶ 宇土櫓続櫓に足場を設置

❷ 部材回収作業

❸ 釘などの除去

倒壊した国指定重要文化財

宇土櫓続櫓 建物が完全に倒壊

不開門 2階の櫓部分が倒壊。門部分も歪んだ

❹ 部材ごとにまとめて格納

❺ 部材格納庫での作業

部材格納庫

調査研究の成果

[長塀の確認調査]

重要文化財建造物である長塀の修復工事に先立ち、長塀の石垣の修復履歴や控柱石の基礎構造を確認するために発掘調査を行った（平成29年11月〜平成30年1月）。

発掘調査前（長塀部材は回収されている）

調査の成果

発掘調査前の石垣の観察で、長塀の石垣は明治22（1889）年の熊本地震で大きく被災し、広範囲に積み直されていることを確認した。発掘調査の結果から、長塀全体（242.4m）のうち地震以前の石垣上部までが残るのは、東端の約16mほどであることが分かった。長塀自体もたびたび修理を受けており、68本ある控柱石のうち明治22年以前の状態を残すものは、わずか2本であることも分かった。

この調査成果を基に、長塀の修復設計を行う。

東から7本目の控柱石。昭和35年の修理で、根元がコンクリートで補強されている。明治期のレンガ造り建物の破片が入っている部分は、現代の盛土。

東から3本目（北No.3）の控柱石。昭和35年にコンクリートで補強された部分でも折れている。下の部分は明治22年以前の状態を保っている。

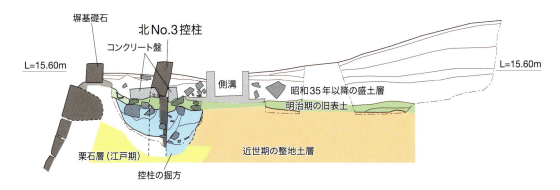

［特別見学通路の確認調査］

「熊本城復旧基本計画」に示された復旧過程の段階的公開と活用の一環として、復旧のスピードを緩めることなく、熊本城の被害状況や復旧過程を安全に観覧できる特別見学通路の整備を行うことになった。この見学通路の設置に先立ち、平成30年2月に表土の厚さや遺構の状況等を確認するための発掘調査を行った。

特別見学通路予定位置

調査の成果

発掘調査では、飯田丸から東竹の丸に至る見学通路予定地を小規模に掘削した。その結果、建物の礎石等を確認した。

飯田丸の「元塩蔵」の礎石は中世の板碑を転用していた。観音菩薩像と銘文が彫られており、本来は「大永」年間（1521〜1527年）に建立された碑であることが分かった。

発掘作業

板碑拓本作業

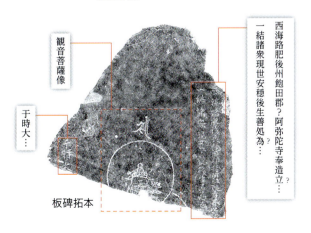

板碑拓本

［石垣の変状調査］

熊本城内の石垣のうち、約1割が崩落したが、9割は崩落せずに残っている。崩落しなかった石垣がその後変状していないか、さまざまな方法で調査を行っている。

　①肉眼による観察
　②レーザー距離計による石垣断面形状の比較
　③ガラス棒、ゲージを用いた観察
　④加速度センサーを用いたリアルタイムモニタリング

地震から2年が経過したが、余震や降雨などで石垣の動きはほとんどないことを確認している。今後もさまざまな方法で経過観察を続けていく。

ガラス棒設置
石垣の石と石の間にガラス棒を張り付け、石が動くとガラス棒が割れるようにしている。最も簡易な方法で石垣の変状を把握できる。

加速度センサーを用いたモニタリング
東京大学総合博物館
（平成30年1月23日）
地震の影響で石垣の背面に発生した地割れを計測する。加速度センサーを用い、データを電波送信するため、パソコン上で変状を確認できる。

［ 石材調査 ］

　崩落した石材や修理のために解体した石材は、石材の現状調査を行う。各石材の寸法・材質、加工技法、破損状況などの項目で記録し、石材が再利用できるかを判断する。

　石材調査の目的は、回収石材で元位置を探すための基礎資料とし、解体石材では石垣の築造時期・改修時期を明らかにすることである。また、今後の修理や調査研究のために最終的な石材の再利用方法を石材調査票に書き記すことも重要である。

写真による記録

寸法を測り、破損状況も確認

［ 地質調査 ］

　地震後に実施したボーリング調査等により、熊本城の地形の成り立ちが分かってきている。表土から数十cmから数mまでは築城時の盛土と考えられる。表土の下は約9万年前の阿蘇4火砕流堆積物層である。さらに下部には100万年以上前の金峰山火山噴出物の凝灰角礫岩の基盤層を確認している。

　今後も地質調査を継続することで、より詳細に熊本城の地形の成り立ちを把握することが可能になる。

ボーリング調査の様子

ボーリングコア（地層から抜き取った試料）の確認

市民への情報発信

熊本市では、熊本城の歴史や復旧状況などについて、資料の展示・貸出や定期講座・講演、シンポジウム・HPなどさまざまな形で情報発信を行っている。
ここでは平成29年度下半期〜30年度上半期の取り組みのうち、主なものを紹介する。

- 定期講座「熊本城学」毎月1回
- 市役所14階・わくわく座・二の丸休憩所・二の丸公園など熊本城一帯各所に解説パネル等を設置
- 田原坂西南戦争資料館　平成29年度展示（城内出土品）
  （平成29年4月〜平成30年3月）
- 特別企画展「熊本のやきもの」
  （平成29年10月6日〜11月26日　佐賀県立九州陶磁資料館）
- 2017 くまもと地域振興フェア「ワンダーメッセ熊本」
  （平成29年10月27・28日）
- 放送大学公開講演会「熊本城　復興に向けて」
  （平成29年11月19日）
- お城EXPO 2017
  （平成29年12月22日〜24日　パシフィコ横浜）
- 熊本城×特撮美術　天守再現プロジェクト展
  （平成29年12月16日〜平成30年3月18日　熊本市現代美術館）
- 「みんなの熊本城」プロジェクト　シンポジウム
  （平成30年1月28日）
- 復興城主感謝状贈呈式・記念講演
  （平成30年2月7日）
- 文化交流展　特集展示
  「災害に学ぶ・備える 〜熊本地震と文化財レスキュー〜」
  （平成30年3月13日〜5月6日　九州国立博物館）
- 熊本城復興体験企画　子ども石垣調査隊
  （平成30年3月25日）
- 田原坂西南戦争資料館　平成30年度展示（城内出土品）
  （平成30年4月〜平成31年3月）
- パンフレット　熊本城 〜復興に向けて〜平成30年春夏号
  （平成30年4月刊行）
- わくわく座　発掘速報展　特別講演会
  「焼けた瓦と天守 ―平成29年度の発掘調査成果―」
  （平成30年6月24日）

ワンダーメッセ熊本

お城EXPO

熊本城×特撮美術

感謝状贈呈式

子ども石垣調査隊

わくわく座　発掘速報展、講演会

みんなの熊本城

熊本城　復興見学ルート （平成30年10月現在）

地震後、熊本城周辺の24カ所には案内板が設置され、順番に巡ると熊本城全体を見学できるようになっている。案内板には、被災前・復旧工事中の写真や工事内容の説明に加えて、補足情報の動画が読み取れるQRコードなどが掲示されている。

┄┄┄▶ 復興見学ルート
①〜㉔ 案内板設置箇所

熊本城へのアクセス

公共交通機関を利用の場合は、熊本交通センターまたは、熊本城周辺の電停を利用するのが便利です。

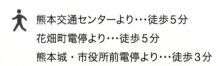

熊本交通センターより…徒歩5分
花畑町電停より…徒歩5分
熊本城・市役所前電停より…徒歩3分

■熊本空港より　　　熊本空港バス停 〜 熊本交通センター
　　　　　　　　　　所要時間：約40分（航空機の到着15分後に出発）

■熊本駅より　　　【市電】熊本駅前電停 〜 熊本城・市役所前電停
　　　　　　　　　　所要時間：約10分

　　　　　　　　　【バス】熊本駅前バス停 〜 熊本交通センター
　　　　　　　　　　所要時間：約10分
　　　　　　　　　　※熊本交通センター経由のバスは全て熊本交通センターに停車します

■九州自動車道より　【熊本ICから】国道57号を熊本市街地方面へ車で約30分

　　　　　　　　　【益城・熊本空港ICから】県道36号（第二空港線）を熊本市街地方面へ車で約25分

復興城主

熊本市は、熊本城の復旧・復元のために広く支援を募る「復興城主」制度を創設しております。1回につき1万円以上の寄付をされた方を「復興城主」とし、「城主証」「城主手形」をお届けするもので、熊本市内「桜の馬場 城彩苑」内の熊本城ミュージアム「わくわく座」2階の専用コーナーにありますデジタル芳名板にお名前が登録され、スクリーンに芳名板が映し出されるなどの特典もあります。

【寄付の方法】

■ お振り込み
　所定の振り込み用紙をお取り寄せいただき、最寄りの郵便局よりお振り込みください。

■ 現金でのお申し込み
　熊本城総合事務所、「桜の馬場 城彩苑」内の熊本城ミュージアム「わくわく座」で受け付けております。

■「ふるさとチョイス」でのお申し込み
　ふるさと納税ポータルサイト「ふるさとチョイス」
　(https://www.furusato-tax.jp/japan/prefecture/43100)で受け付けており、クレジット決済も可能になっております。

詳しくは、熊本城公式ホームページ(https://kumamoto-guide.jp/kumamoto-castle/fukkou/)または熊本城総合事務所(TEL 096-352-5900)へ。

復興　熊本城　Vol.2
天守復興編Ⅰ　平成30年度上半期まで

平成30年12月19日　発行

発行	熊本市／熊本日日新聞社
文	熊本城総合事務所／熊本城調査研究センター
制作・発売	熊日出版（熊日サービス開発株式会社出版部） 〒860-0823 熊本市中央区世安町172 TEL096-361-3274　FAX096-361-3249 https://www.kumanichi-sv.co.jp/books/
ブックデザイン	中川哲子デザイン室
印刷	株式会社城野印刷所

ISBN978-4-87755-585-6　C0036
Ⓒ熊本市／熊本日日新聞社 2018 Printed in Japan

本書のコピー、スキャン、デジタル化などの無断複製は著作権法上の例外を除き禁じられています。